Joram,
der brummige Hirte

Erzählt und illustriert von Paddie Devon

FRANCKE
Verlag der Francke-Buchhandlung GmbH

ISBN: 3-86122-265-5

Published by Scripture Union, London, England

35037 Marburg an der Lahn
Deutsch von Claudia Ried
Satz: Druckerei Schröder, 35083 Wetter/Hessen
Printed in Singapore

TELOS-Kinderbuch Nr. 3985

Joram war ein Hirte. Er lebte vor vielen Jahren in einem kleinen Haus in den Bergen vor der Stadt Bethlehem.

Joram lebte allein und war oft sehr mürrisch. Er brummte und murrte und redete mit sich selbst, während er seine Schafe hütete. Er schimpfte über dies und das. Eigentlich hatte er immer etwas zu beklagen.

Eines Abends, als Joram wieder zur Arbeit gehen mußte, jammerte er: „Ich habe keine Lust mehr. Jede Nacht dasselbe. Wie langweilig! Und außerdem ist es noch kalt. Immer diese Schafe! Warum können sie auch nicht selbst auf sich aufpassen?“

Joram schimpfte und schimpfte, obwohl gar niemand da war, der ihm zuhörte.

Die Hirten Obed und Josiah waren bereits oben in den Bergen bei ihren Schafen. Sie hatten ein Feuer angezündet, um sich zu wärmen und die wilden Tiere fernzuhalten.

Joram kam langsam den Berg hinauf. Man konnte sehen, wie er dabei mürrisch vor sich hin brummte. Obed stupste Josiah an. „Sieh mal", sagte er lachend, „Joram schimpft schon wieder."

Es war eine Nacht wie jede andere. Kein Lüftchen wehte, und alles war friedlich. Am dunklen Himmel funkelten nur wenige Sterne.

Die Hirten waren fleißig bei ihrer Arbeit. Sie achteten darauf, daß sich ihre Herden nicht verstreuten und das Feuer nicht ausging. Obed und Josiah redeten und lachten miteinander und erzählten sich Geschichten zum Zeitvertreib.

Nach ungefähr einer Stunde wollte der brummige alte Joram ein Schläfchen halten. Er hatte keine Lust mehr, den Geschichten zuzuhören!

Joram hielt sein Nickerchen und träumte friedlich vor sich hin. Plötzlich weckte ihn etwas. Schläfrig stand er auf. Er war noch nicht richtig wach, doch er sah, wie ihn ein helles Licht blendete. Joram kniff seine Augen zusammen und rieb sie, als wollte er das Licht wegreiben. Doch als er sie wieder öffnete, war es immer noch da. In den Bergen war es fast so hell wie am Tag. Die Hirten waren von der Helligkeit ganz geblendet.

„Was ist das? Was ist hier los?"
Da trat langsam ein Engel aus dem Licht heraus – ein richtiger Engel!

Joram konnte kaum glauben, was er da sah. Er bemerkte die ängstlichen Gesichter der beiden anderen Hirten, die im Gras auf ihren Knien lagen. Joram fühlte sich auch nicht gerade mutig. Schnell kniete er sich ebenfalls hin und versteckte sein Gesicht hinter seinem Mantel. Er war zu ängstlich, um hervorzuschauen.

„Habt keine Angst, ihr Hirten! Euch geschieht nichts“, sagte eine freundliche Stimme.

Es war der Engel! „Ich bin Gabriel. Gott hat mich zu euch gesandt.“

Joram linste vorsichtig hinter seinem Mantel hervor. Obed und Josiah standen auf.

„Heute Nacht wurde in eurer Stadt ein Kind geboren“, verkündete der Engel. „Sein Name ist Jesus.“

Na und, dachte Joram, der sich immer noch hinter seinem Mantel versteckte. Noch so ein schreiendes Baby, das uns alle wachhält!

„Ihr müßt wissen“, fuhr der Engel fort, „daß Jesus ein ganz besonderes Kind ist. Er ist der König, auf den Gottes Volk schon lange gewartet hat. Dieses Kind ist euer Retter. Es ist Christus, der Herr!“

Obed war über diese wunderbare Nachricht sehr erstaunt. „Gott hat extra einen Engel zu uns geschickt, um uns von Jesus zu berichten? Ist das nicht großartig?“

Joram allerdings konnte immer noch nicht begreifen, was das alles zu bedeuten hatte. Er kam nur nicht dazu, nachzufragen.

„Geht nach Bethlehem“, sagte Gabriel. „Dort werdet ihr das Kind in einem Stall finden. Es liegt in Windeln gewickelt in einer Krippe.“

Auf einmal sahen die Hirten am Himmel noch viele andere Engel. Diese begannen zu singen, und die Nacht war erfüllt mit ihrem Lied:

Ehre sei Gott in der Höhe.
Friede sei mit allen Freunden Gottes auf Erden.

„Habt ihr das gehört?“ rief Obed seinen Freunden zu. „Das ist die spannendste und glücklichste Nacht meines Lebens! Wir müssen los und unseren Retter finden. Kommt, laßt uns gehen!“

Obed und Josiah ließen ihre Schafe zurück und liefen den Hügel hinab nach Bethlehem.

Die sind wohl verrückt geworden, dachte Joram. Um diese Uhrzeit noch den ganzen Hügel runter bis zur Stadt zu rennen! Und was soll jetzt aus den Schafen werden?

„Ach du meine Güte!“ brummte er, aber es war keiner mehr da, der ihm zuhörte. Da rief er laut: „Wartet auf mich! Ich komme auch mit!“ Und schon stürzte er hinterher. Er hatte es so eilig damit, die anderen einzuholen, daß er sogar noch über sein Lieblingsschaf stolperte.

Am Rande der Stadt hatte Joram sie schließlich erreicht. Er ächzte und keuchte und bekam kaum noch Luft.

„Los, Joram, wir haben keine Zeit zum Trödeln! Wir wollen doch unseren König sehen!“ rief Josiah aufgeregt.

„Trödeln? Trödeln!“ rief Joram wütend. „Den ganzen weiten Weg bin ich hinter euch hergelaufen. Ich bin gerannt wie schon lange nicht mehr. Jetzt bekomme ich kaum noch Luft. Und da sagt ihr, ich soll nicht trödeln!“ Völlig erschöpft holte er Atem.

Josiah mußte kichern, als er Jorams rotes Gesicht sah.

Doch Joram sah ihn vorwurfsvoll an. „Hörst du wohl auf, dich über mich lustig zu machen!" sagte er. „Und überhaupt, Josiah, überleg doch mal selbst: Was für ein König schläft denn schon in einer Krippe?"

Joram schnaufte und fuhr fort: „Das ist doch verrückt! Eine Krippe ist eine Holzkiste, in der Heu liegt, aber keine Babys. Und schon gar keine Könige! Ich glaube das erst, wenn ich es sehe!"

„Komm schon, alter Freund", lachte Josiah und legte seinen Arm um Joram. „Du kannst uns nicht aufhalten! Schließlich war es ein Engel, der uns davon berichtet hat."

Der Stall war nicht schwer zu finden. Ein heller Stern schien vom Himmel direkt auf ihn herab, so hell, wie es die Hirten noch nie gesehen hatten.

Als sie auf den Eingang zugingen, spürte sogar Joram sein Herz höher schlagen. Die Tür quietschte laut beim Öffnen. Ganz hinten im Stall sahen sie einen Mann und eine Frau, die ihnen einladend zulächelten. „Kommt doch näher!“ sagten die beiden freundlich.

Die Männer schlurften hinein, vorbei an einem Esel, einer Kuh und zwei neugierigen Ziegen, die sehr interessiert an Jorams Sandalen schnüffelten!

„Ich bin Joseph, und das ist meine Frau Maria“, sagte der Mann und stand auf, um die Hirten zu begrüßen. „Ihr seid sicher gekommen, um unseren Sohn zu sehen?“

„Äh ... ja ... ich glaube schon“, stotterte Obed inzwischen etwas unsicher. „Also es war so: Ein Engel kam heute nacht zu uns, als wir unsere Schafe in den Bergen hüteten. Er hieß Gabriel, und er sagte uns, daß unser König in Bethlehem in einem Stall geboren wurde. Wir dachten, es könnte dieser Stall sein. Wißt ihr, wir glauben an Gott. Deshalb haben wir schon lange auf den Messias gewartet ...“

Obed verstummte, und er sah nervös auf das Paar. Joseph und Maria lächelten einander zu. Schweigend führte Joseph die Männer zu dem Platz, wo das Baby lag. „Das ist Jesus“, sagte er.

Als die Hirten das kleine Kind erblickten, das in der Krippe lag, fielen sie anbetend auf ihre Knie.

Jesus sah sie an, und die drei Freunde fühlten, wie sie mit Liebe und Frieden erfüllt wurden. Sogar Jorams Gesicht sah auf einmal freundlicher aus. Heimlich wischte er sich mit seinem Ärmel eine Träne aus den Augen.

„Mein Herr, mein König“, flüsterte er, „du bist wirklich hier. Wie konnte ich nur daran zweifeln? Jetzt, wo ich dich gesehen habe, fühle ich mich nicht länger einsam und traurig. Ich spüre Hoffnung und Liebe in meinem Herzen – und du hast sie hineingelegt. Bitte vergib mir, daß ich so ein mürrischer alter Esel war.“

Joram senkte seinen Kopf und begann zu schluchzen. Josiah legte seinen Arm um ihn. Doch er wußte, daß Joram nicht aus Traurigkeit, sondern vor Freude weinte.

„Wer hätte gedacht, daß unser brummiger Joram so schön singen kann“, lachte Josiah.

Joram, Obed und Josiah waren voller Freude, als sie den Stall wieder verließen. Sie eilten durch die schlafende Stadt zurück zu ihren Schafen. Als sie den Berg hinaufliefen, lobten sie Gott für alles, was sie gesehen und gehört hatten.

Joram lief voraus. Dabei sang er fröhlich vor sich hin. Sogar die Schafe konnten ihn kommen hören.